Çok kıymetli anneme
ithaf edilmiştir.

Dâhiler ve Çılgın Yöntemleri

Nefise Atçakarlar

Yayın Yönetmeni	Savaş Özdemir
Danışman	Metin Özdamarlar
Kapak Resmi	Alp Türkbiner
Kapak Uygulama	Ebrar Çiçek
İç Tasarım	Ebrar Çiçek
4 Baskı	Nisan 2017
Uluslararası Seri No	ISBN: 978-605-08-1827-7

TİMAŞ YAYINLARI

Adres	Cağaloğlu, Alemdar Mah. Alay Köşkü Cad. No:5 Fatih/İstanbul
Telefon	(0212) 511 24 24
Posta	P.K. 50 Sirkeci/İstanbul
E-posta	bilgi@eglencelibilgi.com
Baskı ve Cilt	Sistem Matbaacılık
Sertifika No	16086
Adres	Yılanlı Ayazma Sok. No:8 Davutpaşa-Topkapı/İstanbul
Tel	(0212) 482 11 01

TİMAŞ YAYINLARI / 3741
EĞLENCELİ BİLGİ DÜNYASI / TARİH / 131
KÜLTÜR BAKANLIĞI YAYINCILIK SERTİFİKA NO: 12364

© 2014 Eserin her hakkı anlaşmalı olarak Timaş Basım Ticaret ve Sanayi Anonim Şirketi'ne aittir. İzinsiz yayımlanamaz. Kaynak gösterilerek alıntı yapılabilir.

Dâhiler ve Çılgın Yöntemleri

- Nefise Atçakarlar

- Resimleyen: Alp Türkbiner

Bu kitap 7. Sınıf ZAMAN İÇİNDE BİLİM ünitesi TÜRK VE İSLAM DEVLETLERİNDE YETİŞEN BİLGİNLER konusuna destek olmaktadır.

● eglencelibilgi.com ●

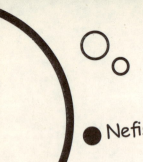

Nefise Atçakarlar

1977 yılında Antalya'da doğdu. Orta öğrenimini Isparta Anadolu Ticaret Meslek Lisesi'nde tamamladı. Boğaziçi Üniversitesi Fen Edebiyat Fakültesi, Türk Dili ve Edebiyatı Bölümünden mezun olduktan bir süre sonra edebî çalışmalarına başladı.

Timaş Yayınları arasında yayımlanan çocuklar ve gençlere yönelik pek çok kitabı yayına hazırladı. Derleme ve metin yazarlığı yaptı. Masal Parkı ve Masal Ülkesi adlı derleme çalışmaları yüzbinlerce çocuğa ulaştı.

2007-2013 yılları arasında Timaş Çocuk ve Gençlik Yayınlarının yayın yönetmenliği görevini yürüttü. Yazıları, TRT Çocuk başta olmak üzere çeşitli çocuk dergilerinde yayımlanmaya devam ediyor. Bildiklerini, gördüklerini, duyduklarını gençlerle paylaşmayı çok seviyor...

Yazarın Diğer Kitapları

Mevlana - Sevgi Güneşi
Ustalar Ustası Mimar Sinan
Andersen Masalları (Set)
Ezop Masalları (Set)
La Fonten Masalları (Set)
Masal Parkı - Bir Varmış Bir Yokmuş
Masal Ülkesi
Uçan Masallar

E-posta
atcakarlar.nefise@gmail.com

İÇİNDEKİLER

Giriş / 7

İbni Heysem ve Karanlık Odası / 9

İbni Firnas ve Çılgın Uçak Modeli / 15

Hezarfen ve Kıtalar Arası Uçuşu / 25

Lagari Hasan Çelebi ve Tek Kişilik Füzesi / 31

İbrahim Efendi ve Dev Timsahı / 41

İbni Sina ve Dünyayı Sarsan Tıp Kitabı / 55

Piri Reis ve Gizemli Haritası / 71

el-Cezeri ve Matrak Robotları / 83

Uluğ Bey ve Kocaman Gözlemevi / 95

Ali Kuşçu ve İnanılmaz Ay Haritası / 109

Takiyyüddin ve İstanbul Gözlemevi / 121

Biruni ve Akılalmaz Gözlemleri / 135

Harezmi ve Başbelası Sayılar / 147

MEHRABA BEN BİLGE. DİĞER ADIYLA BİLİM TARİHİ MERAKLISI...

BU KİTAPTA SIK KULLANILAN KISALTMA VE TERİMLERLE İLGİLİ BİRKAÇ İPUCU

İbni: Oğlu anlamına geliyor. Eskiden insanlar çocuklarının ya da babalarının isimleriyle anılırmış. Örnek olarak, İbni Sina, Sina'nın oğlu demektir. Bu, saygı dolu bir ifade şekli olarak kabul edilirmiş.

h. Bu kısaltma, bu kitapta adı geçen bilim adamlarının doğum ve ölüm tarihlerinin hicri takvime göre olan tarihlerini belirtmek için kullanılıyor. Onların yaşadığı devirde hicri takvim yani Ay takvimi kullanıldığı için.

el-: Bazı isimlerin başında göreceğin bu takı Arapça kökenli. Arapça, bu kitapta adı geçen bilginlerin yaşadığı dönemde bilim dili olduğu için, Türkler ve Farslar da eserlerini Arapça dilinde vermişler. Bazı kitap isimlerini özgün hâlleriyle paylaştığımızda bu **el-** takısını göreceksin. Bu takı İngilizce'deki **the** ile aynı anlamda. Yani o isimlere belirlilik, bilinenlik, saygınlık anlamları katıyor, sıradan olmadığını belirtiyor.

-i: Bazı isimlerin sonunda göreceğin **-i** eki Arapça'da bir kimsenin nereli olduğunu gösteriyor. Mesela Bağdadi kelimesi Bağdatlı anlamına geliyor. Aslında şapkalı olarak **î** şeklinde yazılır, çünkü uzun okunur. Ama kolaylık olması için bu kitabın birçok yerinde şapka kullanmadık. Türkçe'de bu ekin yerine -li, -lı ekini kullanıyoruz bildiğin gibi.

GİRİŞ

Kitap okumaktan nefret edenlerden misin? Yoksa kitap okurken başını hiç kaldırmayanlardan mı? Ya da arada sırada tadımlık okuyanlardan mı? Hangisi olursan ol, bu kitabı okurken kimse seni okumaktan alıkoyamayacak.

Çok gizli kalmış bilgilere ulaşmanın heyecanı seni alıp götürecek. Birbirinden ilginç mucitlerle tanışmak seni çok heyecanlandıracak. Karanlık odalar, çılgın uçuş denemeleri, timsah kılıklı denizaltılar, filli saatler seni şaşkına çevirecek.

Birlikte çıkacağımız yolculuk için yanına hiçbir şey almana gerek yok.

İBNİ HEYSEM

VE

KARANLIK ODASI

Fotoğraf Makinelerinin Atası

İlk durağımız 10. yüzyılda yaşayan İbni Heysem'in çalışma odası. Yaptığı araştırmaların bulgularını Kitap el-Menazir yani **Optik Kitabı** ya da **Görüntüler Kitabı** adlı eserine kaydediyor. **Güneş Tutulmasının Şekli** ve **Ay Işığı** da diğer en meşhur eserleri.

İbni Heysem aslında 200'den fazla eser yazdı. Bunlardan pek azı günümüze kalabildi. (Onun kullandığı harfler farklı ama kolay okuman için kitap kapaklarındaki yazıları montajladık.)

200'den fazla kitap ne demek düşünebiliyor musun? Neredeyse yılda 3-4 tane bitirmesi gerekiyor.

Çok sayıda deney ve araştırma yapan İbni Heysem'in en meşhur deneyi **Karanlık Oda**'dır. Karanlık oda bugünkü fotoğraf makinelerinin atası. Eğer bugün özçekim yapabiliyorsak, bunda İbni Heysem'in büyük emeği var.

Ne yazık ki tarihe yaptığımız bu yolculukta fotoğraf çekmen mümkün değil. Ama istediğin kadar not alabilirsin.

İbni Heysem, karanlık oda deneyini yaparken birkaç tane mum kullandı. Önce karanlık bir odanın duvarında küçük bir delik açtı. Mumları aralıklı olarak odanın dışına yerleştirdi. Bu delikten ışığın geçmesiyle, odanın içindeki karşı duvarda, dışardan gelen görüntünün baş aşağı dönmüş hâlinin yansıdığını fark etti.

Aynı zamanda soldaki mumun sağda, sağdakinin solda göründüğünü ve görüntülerin birbirine karışmadığını gözledi. Kendi zamanı için bu, muhteşem bir buluştu. İbni Heysem bütün bunları yaptığında daha Türkler Anadolu'ya ayak basmamıştı. Amerika'nın keşfedilmesine yüzlerce, senin dünyaya gelmene ise bin yıl vardı. Yani ki o zamanlar fotoğraf adına hiçbir şey bilinmiyordu. O yüzden bu çalışma, fotoğraf için atılan çoook büyük bir adım oldu.

İbni Heysem, fotoğraf makinelerinin atası olan icadını, Görüntüler Kitabı adlı eserinde anlattı. Ona beytülmuzlim yani **KARANLIK ODA** adını verdi

Camera Obscura

Karanlık odaya İbni Heysem'in eserlerini kaynak alarak çalışma yapan Avrupalılar kendi dillerinde **CAMERA OBSCURA** dediler ve bu fikirden yola çıkarak fotoğraf makinesini icat ettiler. İbni Heysem'i, bir adı da el-Hasan olduğu için **Alhazen** adıyla andılar.

İbni Heysem, çalışmalarının çoğunluğunu senin belki ismini bile duymadığın optik bilimi üzerine yaptı. Yani ışık, görüntü ve nesneler arasındaki ilişkiyi inceliyordu.

Geometri, matematik, astronomi ve fizik alanlarında yazdığı kitaplar, kendisinden sonra Latince, İbranice ve İspanyolca'ya çevrildi Kendisi **"Modern Optiğin Kurucusu"** olarak anılıyor.

İBNİ HEYSEM, 965-1040
(h.354-432)
Unvanı: Optiğin Kurucusu
Doğduğu Yer: Basra
Yaşadığı Yer: Mısır
Mesleği: Matematikçi, fizikçi, filozof (Bilim adamı olduğunu söylemeye gerek yok)
Hobileri: Aristo ve Batlamyus'un hatalarını bulmak.

ÇOKBİLMİŞ GAZETE-1040

Adını Gökyüzüne Yazacaklar

Gelecekte bir gün İbni Heysem'in adının Ay'daki kraterlerden birine verileceği düşünülüyor. Buradan anlaşılıyor ki, İbni Heysem'in adını Dünya'dayken duymak mümkün değil. Siz iyisi mi Ay'a gidin. (Şaka şaka) İbni Heysem, Karanlık Oda adlı icadıyla, fotoğrafçılığın babası oldu.

İBNİ FİRNAS VE ÇILGIN UÇAK MODELİ

Kartal Gibi Kanatlar

Şimdi birlikte 9. yüzyıla ışınlanıyoruz. Yani günümüzden 1000 yıldan fazla bir zaman öncesine. Vee Kurtuba'ya uçuyoruz. Uçuyoruz derken gerçek bir uçuşu izlemeye gidiyoruz.

Bak, daha elektriğin bile bulunmadığı bir devirde İbn Firnas uçmayı hayal ediyor. Kartal tüyleri ve ipek kumaş kullanarak kanatlar yapmış.

İbn Firnas'ın yükseklik korkusu yok demek ki. Belki de psikologa gidip bu korkuyla mücadele etmiştir diyeceğim ama bu yıllarda psikolog da yok. Demek, bilimsel çalışmayı çok seviyor.

Ama sen bu tehlikeli çalışmayı sakın evde ya da başka bir yerde deneme. Yüksek dozda tehlike içerir. Hem artık uçak icat edildi ve bu çalışmaları yapmaya gerek kalmadı. Ama büyüdüğünde bilim adamı olmak istersen daha icat edilecek çok şey var. Mesela sana özel bir robot icat edebilirsin.

İbni Firnas, başarılı bir uçuş için önce çöllerde deneme yaptı. Hazırlıklarını tamamlayınca uçuş yapacağını çevresine duyurdu.

Şimdi, Kurtuba yakınlarında yapacağı uçuşu izlemek için halk toplanıyor. İşte biz de izleyenlerin arasındayız. Bak, İbn Firnas, bir süre gökyüzünde kalabiliyor. Böylece dünyada uçuş denemesini ilk kez yapan adam olarak tarihe geçiyor.

Yere inerken de kanatları onu yavaş yavaş indiriyor. Böylece paraşütün de ilk adımını atmış oluyor. Ölmeden inmeyi başarmış olsa da iniş sırasında ne yazık ki yaralanıyor. İbn Firnas yaralandığında eksiğin ne olduğunu anlıyor.

Kuyruğun hem yükselişte hem uçuşta hem de inişte denge için çok önemli olduğunu anlayan İbn Firnas, bunu tarihe not ediyor. Kendisi de ilk kez uçuş denemesi yapan kişi olarak kayıtlara geçiyor. Fakat bu denemeyi yaptığında zaten 70 yaşlarında olduğu için tekrar deneme yapma imkanı olmuyor.

Bazen düşünüyorum da, dünyaya daha sonra gelmiş olmak daha mı iyi acaba? Senden öncekilerin kazandıkları deneyimlerden yararlanabiliyorsun. Yoksa daha önce mi yaşamak iyi. Çünkü icadı ilk yapan sen oluyorsun. Her neyse... Dediğimiz gibi daha icat edilecek çok şey var.

Arama Motoru Gibi Kütüphane

Senden öncekilerin deneyimlerini aktarmak deyince, Kurtuba'dan bahsetmemek olmaz. İbni Firnas'ın yaşadığı dönemde, müslümanlar tarafından İspanya'da kurulmuş olan Endülüs Emevi Devleti'nin başkenti Kurtuba. Burada dünya tarihinin en büyük kütüphanelerinden biri kuruldu. İçinde binlerce kitap bulunuyordu. O dönemde yaşayan bilim adamları, deneyimlerini eserlerine aktarmışlardı.

Daha sonra İspanyollar bu kütüphaneyi yakıp yok ettiler. Bu, tıpkı şuna benziyordu. Birisinin Internet'te var olan bütün bilgileri yok ettiğini düşün. İşte Kurtuba kütüphanesinin yok olması da kendi döneminde böyle bir durum. Hatta daha kötü, çünkü henüz matbaa bile olmadığı için kitapların çoğu tek, başka kopyası yok. İbni Firnas'la ilgili pek çok bilgi de bu kütüphaneyle birlikte yanıp gitti.

İBNİ FİRNAS, 810-887
(h.195-273)
Unvanı: Uçmayı Deneyen İlk Adam
Doğduğu Yer: Kurtuba
Yaşadığı Yer: Kurtuba
Mesleği: Mühendis, gökbilimci
Hobileri: Şiir yazmak, müzik yapmak

ÇOKBİLMİŞ GAZETE-880

Terapi İçin Akın Ettiler

Yükseklik korkusu çeken gençlerin, aileleri tarafından, akın akın İbn Firnas'a terapi için getirildiği öğrenildi. Bu durumla başa çıkamayan İbni Firnas'ın ailesi, randevu sistemini icat ederek ismini tarihe altın harflerle yazdırmayı planlıyor.

Bu sisteme göre, İbni Firnas'la görüşmek isteyen önceden bir haberci göndererek İbni Firnas'a adını yazdıracakmış. Gençlerin bir kısmı da İbni Firnas'ı, yazacakları yeni kitapları için ziyaret etmek istiyor. Öyle görünüyor ki çok yakında Kurtuba'nın dev bir kütüphanesi olacak.

ZİHİN AÇAN HAFIZA TESTİ

1. Matematik, fizik, filozofi gibi çeşitli alanlarda bilime katkıda bulunan İbni Heysem, çalışmalarının çoğunluğunu hangi bilim üzerine yaptı?

a)Optik
b)Coğrafya
c)Tarih
d)Psikoloji

2. İbni Heysem'in, bugün kullandığımız fotoğraf makinelerinin atası olarak bilinen ve küçük bir delikten geçen ışığın, dışarıdaki görüntüyü içeri ters yansıttığını gösteren icadının adı nedir?

a)Dürbün
b)Gözlük
c)Ay tutulması
d)Karanlık oda

3. İbni Heysem'in bilime katkılarını merakla inceleyen Avrupalılar onu hangi isimle anıyordu?

a)Huzun
b)Haisem
c)Alhazen
d)Heisem

4. Dünyada uçuş denemesi yapan, bilinen ilk bilim insanı kimdir?
a) İbni Tayyar
b) İbni Firnas
c) İbni Heysem
d) İbni Sina

5. İbni Firnas, uçuş denemesi yaptığında havada kalmayı başarabilmişti. Ancak yere inerken yeterince iyi bir iniş yapamadı. Bu hatası ona neyi öğretti?
a) Kuşların kuyruklarının denge için çok önemli olduğunu
b) Kanat olmadan uçulamayacağını
c) Kartalları taklit etmenin yanlış olduğunu
d) Uçmanın iyi bir fikir olmadığını

6. İbni Firnas ne zaman yaşamıştır?
a) 500 yıl kadar önce
b) 300 yıl kadar önce
c) 1000 yıl kadar önce
d) 100 yıl kadar önce

Not: Cevapların hangi şıklar olduğunu buralarda arıyorsan yanılıyorsun. Eğer cevapları hatırlayamadıysan, önceki iki bölüme geri dönebilirsin.

HEZARFEN

VE

KITALAR ARASI

UÇUŞU

Bin İlim Sahibi

Hezarfen Ahmet Çelebi, IV. Murat zamanında yaşamış bir bilim insanı. Çok alanda bilgisi olduğu için bin ilim sahibi anlamında Hezarfen lakabını takmışlar ona. Ahmet Çelebi de İbni Firnas gibi uçmayı çok istiyordu. Defalarca uçma denemesi yaptı. Kendisini hazır hissedince de uçmak üzere Galata kulesine çıktı.

Hadi gel birlikte izleyelim onu. Lodos'un olduğu bir günü seçerek uçuşunu kolaylaştırmış. İşte, Hezarfen, Galata kulesinden uçmaya başlıyooor.

Bu sırada meraklı kalabalıkla birlikte padişah 4. Murat da onu Sinan Paşa Köşk'ünden izliyor. Hezarfen, İstanbul boğazını geçiyooor veeee... Top ağlardaaaaa. Aaaa heyecandan futbolla karıştırdım yahu. Hezarfen, Üsküdar'da Doğancılara sağ salim inmeyi başardııııı. Vay be!

HE HE. NEYSE Kİ KIZ KULESİ'NDEN İNİŞ İZNİ İSTEMEME GEREK YOK.

Havada 3000 metreden fazla mesafe kat etmişti. 4. Murat, başarıyla uçtuğu için Ahmet Çelebi'yi bir kese altınla ödüllendirdi.

Hezarfen Ahmet Çelebi'nin uçuşunun bir özelliği ve güzelliği de İstanbul Boğazı'nın üzerinde olmasıydı. Yani Hezarfen aynı zamanda kıtalar arası yani Avrupa'dan Asya'ya bir uçuş gerçekleştirmişti.

Dikkat:
Yeni fikirlere sahip olmak güzel ama sakın kanat takıp uçmayı deneme. Bir gün büyüyüp bilim adamı olursan ya da bu işin eğitimini alırsan, o zaman iyice çalıştıktan sonra, bunu düşünebilirsin.

Çok Gezen Bilir

Hezarfen Ahmet Çelebi'nin bu uçuşunu, meşhur gezgin Evliya Çelebi'den öğreniyoruz. Evliya Çelebi de Hezarfen Ahmet Çelebi'yi izleyen kalabalığın arasındaymış. O gün izlediklerini seyahatnamesine yani gezi kitabına kaydetmiş. Sanki bize çok gezen bilir, demek istemiş.

Hezarfen Ahmet Çelebi, kendi yaptığı kanatlarla uçmayı başardığı bilinen ilk insan. O da müslüman ve Türk âlimlerden olan İsmail Cevheri'nin yaptığı çalışmaları incelemişti. İsmail Cevheri, 1000'li yılların başında yaşamış, yaptığı uçuş denemesinde ne yazık ki hayatını kaybetmişti ama Hezarfen'e ışık tutmuştu. Hezarfen Ahmet Çelebi de kendisinden sonra gelenlere ışık tuttu. Da Vinci, uçuşla ilgili çizimlerinde, Wright kardeşler uçağı icat ettiklerinde, kendilerinden önce bu alanda çalışma yapan âlimlerden ilham aldılar.

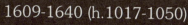

HEZARFEN AHMET ÇELEBİ, 1609-1640 (h.1017-1050)
Unvanı: Osmanlı'da Uçmayı Deneyen İlk Adam
Doğduğu Yer: İstanbul
Yaşadığı Yer: İstanbul
Mesleği: E adı üstünde hezarfen
Hobileri: Hiç durmadan yeni bilgiler öğrenmek, uçmak, araştırma yapmak.

ÇOKBİLMİŞ GAZETE-1632

Unvan Kavgası

Galata kulesinden uçtuktan sonra çok popüler olan Ahmet Çelebi'ye Bin İlim Sahibi anlamına gelen Hezarfen unvanının verildiğini öğrenen bilim adamı Lütfi Çelebi, bu unvanı asıl kendisinin hak ettiğini iddia ederek kadıya başvurdu.

Halkın kararlarına saygı duyulması gerektiğini söyleyen kadı, Lütfi Çelebi'nin isteğini reddetti. Bunun üzerine Lütfi Çelebi'nın kıskançlıktan çatladığı öğrenildi.

HEZARFEN:

Bin
İlim
Sahibi

LAGARİ HASAN ÇELEBİ VE TEK KİŞİLİK FÜZESİ

Gökyüzüne Dikey Uçmak

Şimdi, seninle 1633'e yolculuk yapıyoruz. Dünyanın ilk füzesinin uçuşuna şahit olacağız.

Osmanlı padişahı IV. Murat'ın kızı Kaya Sultan dünyaya gelince bir şenlik düzenlendi. Bu şenlikte Lagari Çelebi de görevliydi.

Görüyor musun, Lagari kendisini 7 kollu bir füzesinin içine yerleştirmiş. 60 kiloluk barutla havaya uçuyor.

Böylece, dünyanın ilk füze uçuşunu gerçekleştiriyor. O, bunu yaparken, yeni doğan Kaya Sultan adına yapılan eğlenceye gelen herkesin ağzı açık kalıyor.

Padişah IV. Murat ve hanımı da Sinan Paşa kasrından olup bitenleri izliyorlar. Kaya Sultan'ın doğum kutlamalarında, füze uçurulduğunu duyan Avrupalı kraliçeler eşlerine kim bilir nasıl sitem etmiştir...

Lagari Hasan Çelebi, bu uçuşunda 300 metre kadar yükseliyor, bir süre havada kalıyor ve barutu bitmek üzereyken önceden hazırladığı kanatlarını paraşüt gibi kullanarak Sinan Paşa kasrının önüne, suyun içine, yumuşaaak bir şekilde iniyor.

Aslında Hezarfen Ahmet Çelebi ve Lagari Hasan Çelebi'nin bu başarıları rastlantı değil. İstanbul'a gelen elçi, Busbecq'in kayıtlarına göre yüz yıl önce Kanuni zamanında Osmanlı gençleri uçma denemeleri yapıyorlardı. Eee çalışmak, başarmanın ön şartı.

LAGARİ HASAN ÇELEBİ

Unvanı: Füze Yapan İlk Adam

Kendisine çelimsiz olduğu için Lagari adı verilmiş. Evliya Çelebi'nin Seyahatnamesi dışında kendisi hakkında bilgi bulunmuyor. Ama senin için arşivlerde aramaya devam ediyoruz...

ÇOKBİLMİŞ GAZETE-1633

Lagari'yi Paylaşamadılar

Lagari Çelebi'nin aynı gün içinde kuşlar gibi uçtuğunu, balıklar gibi yüzdüğünü haber alan deterjan reklamcıları koşa koşa Lagari'nin kıyafetlerini almaya gittiler.

Hepsi de kendi deterjanlarının Hasan Çelebi'nin kıyafetlerini en iyi şekilde yıkayacağını iddia ediyordu. Elbette bütün dertleri, ürün yerleştirme yöntemiyle reklam yapmaktı.

Çıkan arbedeye, Lagari'nin annesi el koydu. Deterjan üreticileri sessizce dağıldılar.

ZİHİN AÇAN HAFIZA TESTİ

1. Hezarfen ne anlama gelmektedir?
a) Hazır asker
b) Hazır yemek
c) Hindistan'da bir kuş
d) Bin ilim sahibi

2. Hezarfen Ahmet Çelebi, kendisine kanat takarak nereden nereye uçmuştur?
a) Üsküdar'dan Doğancılar'a
b) Doğancılar'dan Üsküdar'a
c) Galata Kulesi'nden Doğancılar'a
d) Üsküdar'dan Kadıköy'e

3. Hezarfen Ahmet Çelebi'nin akılalmaz uçuşunu, meşhur gezgin ....'den öğreniyoruz.

Yukarıdaki boşlukta söz edilen gezgin kimdir?
a) Evliya Çelebi
b) Yok böyle bir şey
c) İsmail Cevheri
d) Lagari Hasan Çelebi

4. Hezarfen, hangi padişah döneminde yaşamıştır?
a) 2. Murat   b) 4. Murat
c) Kanuni   d) 2. Selim

5. Lagari Çelebi için aşağıdakilerden hangisi söylenebilir?

a) Osmanlılarda füze denemesi yapan ilk bilim insanı.

b) Denizaltı üzerine araştırmalar yapıp denizaltını icat eden ilk bilim insanı.

c) Astronomi alanında kitap yazan ilk bilim insanı

d) Boş gezenin boş kalfası

6. Lagari Hasan Çelebi tek insanlı füze uçuşunu gerçekleştirdikten sonra nereye kazasız belasız iniş yapmıştır?

a) Sinan Paşa Kasrı'nın bahçesine
b) İstanbul Boğazı'na yani suya
c) İniş yapamamıştır, kaybolmuştur.
d) Füzesi havada patlamıştır.

7. Lagari, önce gökyüzüne dikey bir şekilde yükselip bir süre havada kaldıktan sonra iniş yaptığı meşhur gösterisini kimin doğum kutlamaları için yaptı?

a) Kaya Sultan
b) 3. Murat
c) Hatice Sultan
d) Hürrem Sultan

İBRAHİM EFENDİ VE DEV TİMSAHI

Eğlenceli Sünnet Düğünü

Şimdi seninle bir sünnet düğününe gidiyoruz. 1719 yılına...Osmanlı Tarihi'nde zevk ve eğlence dönemi olarak bilinen **Lale Devri**'nin en renkli olduğu günler. Padişah **3. Ahmet**'in şehzadeleri için büyük bir sünnet merasimi düzenlenmiş. Şuradaki at arabasını görüyor musun? Denizin üzerine asılmış iplerin üzerinde yürüyor.

Çeşitli meslek gruplarının temsilî yürüyüşleri, cambazlar, köçekler, süslü filler, sahildeki rengarenk kayıklar sünnet düğününü şenlendiriyor. Bir yandan da yoksullara yardımlar dağıtılıyor, misafirlere ikramlar veriliyor.

Dev Timsah

Bu eğlencelerin 13. gününde çok ilginç bir olay gerçekleşiyor. Denizin altından dev bir timsah çıkıp suya tekrar batıyor. Herkesin ağzı beş karış açık kalıyor. Kimbilir belki balıklar bile daha önce böyle bir şey görmedikleri için şaşkına dönmüşlerdir. Bakar mısın, ne kadar ilginç değil mi?

Dev timsah bir süre sonra suyun üstüne tekrar çıkıyor. Ağzını açıp kapatıyor. Sahile yaklaşınca, onun dev bir timsah değil, yepyeni bir icat olduğunu anlıyor herkes. Bu ilginç eğlencenin mimarı ise Tersane Başmimarı İbrahim Efendi.

Yalnız bu kadarla da kalmıyor İbrahim Efendi'nin yaptıkları. Dev timsah yani denizaltı, Aynalıkavak sarayına yaklaşıp padişahın önüne gelerek ağzını iyice açıyor veeeeeee içinden çalgıcılar çıkıyor.

İnsanların bu denizaltıyı görünce şaşkına dönmeleri çok normal. O günlerde denizaltı icat edilmemiş çünkü. Bazı savaşlarda kullanılmaya çalışılan tek tük deniz içi araçlar haricinde dünyada yapılan ilk denizaltı. Aslında bugün bile böyle bir şey olsa sahildekiler küçük dillerini yutabilirler. Daha ilginci, mimar İbrahim Efendi sadece mühendislik konusunda değil, tasarım konusunda da başarılı.

Her Şey Dahil Denizaltı

İbrahim Efendi, icat ettiği denizaltının dış işlemelerini tıpkı timsaha benzeyecek şekilde tasarlamış. Bitmedi. Tasarım ve mühendislik dışında, şehzadelerin eğlenmesi için de çalışmış.

Timsahın içinden çalgıcılar çıkıp şarkı söyleyebiliyorlar. Çünkü, İbrahim Efendi bu denizaltının birleştirilmiş kayıklardan oluşturduğu iç kısmını, su geçirmemesi için katranla kaplamış. Denizaltına bağlanan ağırlıklar yardımıyla timsahın aşağı yukarı hareket etmesi sağlamış. Elbette çalgıcıların uzun süre içerde durabilmeleri için havalandırmayı da çok iyi düşünmüş.

Vay, vay, vay, vay beeee! Şehzadeler yani padişahın oğulların ne kadar mutlular görüyor musun? Yeni bir icadın onların sünnet düğününde yapılmış olması çok güzel tabi.

O zamanlar sosyal medya olsaydı, böyle bir günde ne çok fotoğraf çekilir, nasıl paylaşımlar yapılırdı... Ağzı açılıp kapanan dev timsah, ona şaşkın şaşkın bakan insanlar, timsahın içinden çıkan çalgıcılar... Binlerce kare fotoğraf çıkardı bu heyecanlı günden.

İbrahim Efendi'nin denizaltısının maharetleri bu kadar sanıyorsan yanılıyorsun. İnsanları şaşırtmaya devam ediyor. Bütün bunlar yetmiyormuş gibi, çalgıcıların hepsi dışarı çıktıktan sonra içerden pilav ve zerde kazanları çıkıyor. Misafirlerin ikramı bu kazanlardan yapılıyor.

Zerdenin ne olduğunu merak ettiysen hemen anlatayım.

Zerde, pirinç, nişasta ve bal kullanılarak yapılan Osmanlı tatlısıdır. Üzerine fıstık, nar, karanfil, üzüm serpilerek süslenir. Bazen safran ya da gül suyu da eklenir. Sünnet düğünlerinde zerde ikram etmek günümüzde de bazı şehirlerde gelenek olarak devam ediyor.

Kısacası bundan 300 yıl önce,

* içinde insan ve eşya taşıyabilen,
* suda sağa sola, aşağı yukarı hareket edebilen
* harika bir tasarımı olan bir denizaltı yapmayı başarmış Mimar İbrahim Efendi.

Eeeee artık sen de tahmin ediyorsun. Bu başarısından dolayı, 3. Ahmet, Mimar İbrahim Efendi'yi bir kese altınla ödüllendiriliyor.

İbrahim Efendi ve ekip arkadaşları artık Bursasporlular gibi sevinçten timsah yürüyüşü yapmıştır belki de.

Mini Not: Futbolla ilgiliysen, mutlaka bilirsin, timsah yürüyüşü, Bursasporlulara özgü, zafer kazandıklarında yaptıkları sevinç hareketi. Diz üstünde ve öndeki takım arkadaşının ayak bileklerinden tutarak yapılır.

HAHAAA. ASLANLAR GİBİ CESARET GÖSTEREN İBN-İ FİRNAS'A, KARTALLAR GİBİ UÇAN HEZARFEN'E VE SERÇELER GİBİ GÖKLERE YÜKSELEN LAGARİ'YE MÜTHİŞ BİR GOL ATTIM. ŞİMDİ TİMSAH YÜRÜYÜŞÜMÜ YAPABİLİRİM.

1719 Model Sosyal Medya

Bu unutulmaz günü **Şair Vehbi, Surname** adlı eserinde anlatmış. **Levni** de onun anlatımını minyatürleriyle süslemiş.

Fotoğrafın olmadığı o günlerde, iyi ki Levni minyatürleri yapmış da bize o günlerin esintilerini ulaştırmış. Bugün yaşasaydı, harika tasarımlarıyla, kesin sosyal medyada en çok takip edilenlerden olurdu.

Aslan Kılıklı Denizaltı

İbrahim Efendi'nin bu harika icadı başka bir yerde kullanılmamış. Başka bir eğlencede tekrar kullanıldıysa bunu ispatlayan belgeler günümüze ulaşmamış.

Belli ki İbrahim Efendi icadını savaşta kullanmak istememiş, onu sadece şenlik günlerinde kullanılmak üzere icat etmiş. Bir gün gelip insanların denizaltılarla savaştıklarını öğrenseydi herhalde çok üzülürdü.

Günümüzde denizaltılar, araştırma yapmak gibi iyi niyetlerle kullanılsa da genellikle savaş aracı. Ne yazık ki İbrahim Efendi'ninki gibi çocukları eğlendirmek için yapılan denizaltılar pek yok. Kimbilir, belki de sen, bu eğlenceli denizlatının aslan, kaplan, balina ya da köpek balığı kılıklı olanlarını icat edersin büyüdüğün zaman.

**MİMAR İBRAHİM EFENDİ,
...-1679 (h...-1090)**
Unvanı: İlk Denizaltının Mucidi
Doğduğu Yer: İstanbul
Yaşadığı Yer: İstanbul
Mesleği: Tersane âmiri
Hobileri: Tasarım yapmak, icat çıkarmak, insanları mutlu etmek

ÇOKBİLMİŞ GAZETE-1719

Timsahlar Yalnız Kalmasın

Timsah görünümlü denizaltının canlı olduğunu zanneden bir grup genç, yalnız kaldığını düşündükleri timsah için vakıf kurdu. İbrahim Efendi, onların Boğaz'da gördüklerinin bir denizaltı olduğunu fark edecekleri günü sabırla bekiyor.

ZİHİN AÇAN HAFIZA TESTİ

1. Dünya tarihinde, denizaltı yaptığı bilinen ilk insan kimdir?
a) Lagari Hasan Çelebi
b) Einstein
c) Mimar İbrahim Efendi
d) Mimar Sinan

2. Bilinen ilk denizaltı hangi yılda yapılmıştır?
a) 1719
b) 1958
c) 1040
d) 1867

3. Mimar İbrahim Efendi, icat ettiği denizaltıyı hangi hayvana benzer şekilde tasarlamıştır?
a) Aslan
b) At
c) Balina
d) Timsah

4. Şehzade ne demektir?
a) Padişahın oğlu
b) Şehirlerin en büyüğü
c) Padişahın amcası
d) Başşehir

5. Mimar İbrahim Efendi, hangi padişahın döneminde yaşamıştır?

a) 4. Murat
b) 3. Ahmet
c) Kanuni Sultan Süleyman
d) Yavuz Sultan Selim

6. Mimar İbrahim Efendi'nin icat ettiği denizaltı için aşağıdakilerden hangisi söylenemez?

a) Havalandırması iyidir, içinde insanlar rahatlıkla seyahat edebilir.
b) Deniz altına inip tekrar yüzeyine çıkabilir, bu hareketi defalarca yapabilir.
c) İçinde eşya taşınabilir.
d) Savaşlarda kullanılmak amacıyla yapılmıştır.

7. Mimar İbrahim Efendi'nin icat ettiği denizaltı ilk kez nerede kullanılmıştır?

a) Sultan 3. Ahmet'in şehzadelerinin sünnet düğünü
b) Damat İbrahim Paşa ile Hatice Sultanın düğünü
c) İstanbul fethedildikten sonra yapılan şenlikler
d) Yavuz Sultan Selim'in oğlu Kanuni Sultan Süleyman doğduğunda yapılan şenlikler

İBNİ SİNA VE DÜNYAYI SARSAN TIP KİTABI

Baş Belası Matematik

İbni Sina, daha çocukken zekasıyla çevresinin dikkatini çekmişti. Hatta akıl almaz sorularla öğretmenlerini sıkıştırıyordu.

Fakat matematikle arası yeterince iyi değildi. Matematik sorularını çözemediği için bir gün okuldan kaçtı. Yürürken bir kuyu gördü. Su içmek için kuyuya yaklaştı.

Kuyudan su çekip içtikten sonra taşın üzerindeki oyuk dikkatini çekti. Kovanın ipi, gide gele taşı kesmişti. İpin zayıflığını ve taşın sertliğini düşündü ve okula dönmeye karar verdi:

Sarayın Gencecik Doktoru

İbni Sina çok çalışarak okulunu yüksek başarıyla bitirdi. Sadece okul dersleriyle yetinmiyor, hiç durmadan araştırmaya devam ediyordu. Sabahlara kadar mum ışığında çalışıyor, çok az uyuyordu. En çok üzerinde çalıştığı alan ise tıptı. Bu alanda o kadar başarılı oldu ki kısa zamanda onun adını duymayan kalmadı.

Samanoğulları yöneticisi Emir Nuh'un oğlu çok hastaydı. Saray doktorları ne yaptılarsa genç prensi iyi edemediler. Bunun üzerine Emir Nuh, İbni Sina'yı davet etti. Henüz gencecik bir doktor olan İbni Sina, prensi tedavi etmeyi başardı.

Ödülün Böylesi

İbni Sina'nın yerinde başka birisi olsa bir yat, bir kat, bir araba, yok yok, bir gemi, bir ev, bir de deve isteyebilirdi. Ama İbni Sina ödül olarak saray kütüphanesinin kendisinin araştırmalarına açılmasını istedi. Bu kütüphanede çok sayıda kıymetli kitap vardı. O zamanlar matbaa olmadığı için kitapların başka baskılarını bulmak kolay değildi. İbni Sina hazinenin içine düşmüştü. Onun çalışmalarını gördükçe zamanındaki diğer hekimler kıskançlıktan çatır çatır çatlıyordu.

Avrupa'ya Tıp Öğreten Adam

Hadi gel, şimdi seninle İbni Sina'nın çalışma odasına gidelim. Bir yandan ilaç hazırlıyor, bir yandan kitap okuyup kendisini yetiştiriyor, bir yandan da kendi kitaplarını yazıyor.

İbni Sina, öyle muhteşem bir dâhi ki, yazdığı **Tıp Kanunu** (kısaca Kanun) adlı kitap Latince'ye çevrilerek yıllarca Avrupa'da ders kitabı olarak okutuldu. Avrupalılar, İbni Sina'yı en az Galen ve Hipokrat kadar önemsiyorlar, kitaplarına, Galen, Hipokrat ve İbni Sina'nın bir arada oldukları resimler çiziyorlardı. Yani İbni Sina'nın ışığı sadece kendi ülkesini değil, Avrupa ülkelerini de aydınlattı.

İbni Sina'nın Avrupa'da **Canon Medicinae** olarak anılan Tıp Kanunu adlı kitabı anatomi ve cerrahi bilgilerine bolca yer veriyordu. İnsan bedenini inceliyor, ameliyatlarla ilgili teknik bilgilerden söz ediyordu. Hangi otların hangi hastalıklara şifa olduğu, uyku bozuklukları, spor gibi sağlıkla ilgili daha pek çok konudan bahsediyordu.

Avrupalılar, İbni Sina'yı Avicenna olarak tanıdılar. Onun eserlerini yüzyıllarca ders kitabı olarak kullandılar. İbni Sina tıp alanında çığır açmıştı. O dönemde tedavi edilemeyen pek çok hastalığı kolayca tedavi ediyordu. Eserlerinde bunları ayrıntılı bir şekilde anlatıyordu.

Felsefe, fizik, astronomi, ekonomi, siyaset, musiki, zooloji, botanik gibi konularda irili ufaklı 450'den fazla kitap yazmıştı. **Şifa** adlı her derde deva, dev ansiklopedisinde, dağları ve kayaçları bile incelemişti. O zamanlar Internet arama motorları olmasa da İbni Sina'nın eserleri vardı. Hangi yaşta hangi meyve suyunu içmen gerektiği hakkındaki bilgileri merak etsen, İbni Sina'nın kitaplarında bulabilirdin. Yani ki o dönemde hangi taşı kaldırsan, altından İbni Sina çıkıyordu.

İki Bilim Adamının Buluşması

Gece gündüz kütüphanede çalışmayı seven İbni Sina, Samanoğulları emiri vefat ettikten sonra Harzem'e gitti. Orada ünlü bilgin el-Biruni yaşıyordu. Onunla mikroplar gibi o günlerde henüz bilinmeyen konularda münazaralar yaptı, fikir alışverişinde bulundu. Mikroplara kurtçuk adını verdi. Mikroskop yokken mikropların varlığını ve canlı olduğunu söyledi.

O Şehir Senin Bu Şehir Benim

Daha sonra Cürcan, Rey, Hamedan, İsfahan gibi şehirlerde doktorluğa devam etti.

İbni Sina, başka şehirlere bazen isteyerek bazen dönemin siyasi sorunları nedeniyle mecburen taşınmak zorunda kalıyordu. Ama her gittiği yerde, insanları tedavi etmeye devam ediyordu.

Yalnız hastalıkları tedavi etmeye değil, hastalıklara engel olmaya da çalışıyordu. **Koruyucu tıp** adı verilen bu alanda insanlara hizmet veriyordu. Eserlerinde de hastalanmamanın yöntemlerini anlatıyordu. Uykudan beslenmeye, hareket etmekten çalışmaya kadar her konuyla ilgili püf noktalarını eserlerinde ele alarak insanlara beden sağlıklarını korumaları için yol gösteriyordu.

Psikanaliz

Sadece beden değil aynı zamanda ruh sağlığı için de insanlar ona başvuruyorlardı. Yani hem doktor hem psikiyatrist olarak çalışıyordu. Mesela Büveyhi emîrinin oğlu melankoli yani karasevda hastalığına tutulmuştu. Emirin oğlunu kendi **psikanaliz** yöntemlerini kullanarak tedavi etti.

Aman Doktor Derdime Bir Çare

Yeryüzündeki her hastalığın bir çaresi olsa da ölüme ne yazık ki doktor bile olsak çare yok. İbni Sina, henüz 57 yaşındayken çaresiz bir hastalığa yaklanarak vefat etti. Bazı kaynaklar, onun zehirlendiğinden de söz eder.

İbni Sina'yı ve bilime katkılarını buradaki birkaç satıra sığdırmak mümkün değil. Dünyayı değiştiren, Avrupa'da yüzyıllarca kitapları ders kitabı olarak okutulan İbni Sina, sıradışı bir bilim insanı olsa da onun gibi olmak ve hatta onu geçmek zor değil. Çok istemek, çok çalışmak ve bilimsel çalışmanın püf noktalarını bilmek yeterli. (Bakınız Sayfa 68)

Unutma, hiç kimse dünyaya gelirken her şeyi bilerek gelmiyor.

**İBNİ SİNA, 980-1037
(h.375-428)**
Unvanı: Hekimlerin Hükümdarı
Doğduğu Yer: Buhara
Yaşadığı Yer: Buhara, Harzem, Cürcan, Rey, Hamedan, İsfahan
Mesleği: Hekim, filozof
Hobileri: Hiç durmadan yeni bilgiler öğrenmek

ÇOKBİLMİŞ GAZETE-1025

Hekimin Halk Günü

İbn Sina'nın halk günü yapacağını öğrenen halk, şehir meydanına akın etti. İbn Sina'nın önce sabah jimnastiği gösterip daha sonra ihtiyaçlı hastaları tedavi edeceği öğrenildi.

Hangi hastaların ücretsiz tedavi edileceği konuşulurken çıkan arbedede İbn Sina ağır yaralandı. İbn Sina kendi kendisinin doktoru olmak zorunda kaldı. Keşke insanlar güzelce sıraya girselerdi de bu fırsatı kaçırmasalardı.

BİLİMSEL ÇALIŞMANIN PÜF NOKTALARI

1. Seni anlayabilecek danışmanlar bul.

2. Çılgınlar gibi araştır.

3. Durmaksızın çalış.

4. Bulduğunun yanlış olduğunu fark et.

5. Hiç üzülme, hemen başa dön, en baştan başla.

6. Ekip çalışması içinde yeniden çalış.

7. Sonucun yine yanlış olduğunu anla.

8. Asla üzülme. Gerekirse yüzlerce kez dene.

9. Evet artık sevinebilirsin, sonunda icadını yapabildin, sen de bir mucitsin.

10. İcadın için patent ve lisans almayı ve onun hakkında kitap yazmayı unutma.

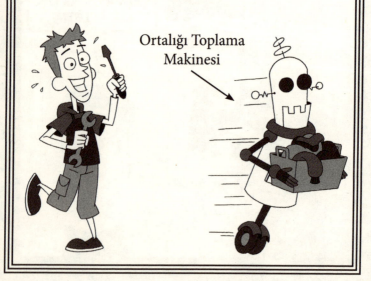

Ortalığı Toplama Makinesi

ZİHİN AÇAN HAFIZA TESTİ

1. İbni Sina'nın kendi devrinde ve devrinden sonra yüzyıllar boyunca, bütün dünyayı tıp alanında aydınlatarak çığır açan eserinin adı nedir?

a) Tıp Olmadan Asla
b) kimsehastaolmasın.net
c) Tıp Kanunu
d) Doktorluk

2. İbni Sina'nın, hemen her konuya değinen, ansiklopedi türündeki eserinin adı nedir?

a) Dünya Ansiklopedisi
b) Şifa
c) Öyle bir eseri yok
d) Buhara

3. Yanda gördüğün pul, 1973'te Rusya'da bir bilim insanının bininci doğum günü anısına kullanıldı. İbni Sina'nın mektupla veya karşılıklı görüşerek bilgi alışverişinde bulunduğu bu bilim insanı kimdir?

a) Newton
b) Biruni
c) Lagari
d) Brahe

4. Yanda görüdüğünüz pul, 1952'de Polonya'da İbni Sina anısına basılmıştır. Batılılar, yüzyıllarca eserlerini okuyarak kendisinden tıp ve eczacılık ilimlerinin inceliklerini öğrendikleri, Felsefenin Prensi, Hekimlerin Hükümdarı gibi unvanlar taktıkları İbni Sina'yı hangi isimle anmışlardır?

a) Avicenna
b) Aliboron
c) Alhazen
d) Batılılar İbni Sina'yı tanımaz

5. İbni Sina, teknolojinin yeterince gelişmediği devirde, çeşitli gereçlerle inceleme imkanı olmadığı halde, bazı varlıkların hastalığa sebep olduğunu, bunların havada ve suda bulunabildiklerini, bu varlıklardan korunmak için temizliğe dikkat etmek gerektiğini Tıp Kanunu adlı eserinde anlatmıştır. Söz konusu bu varlıklar nelerdir?

a) Solucanlar
b) Mikroplar
c) Böcekler
d) Hiçbiri

PİRİ REİS VE GİZEMLİ HARİTASI

Su Altında Geçen Çocukluk

Şimdi sana bir Osmanlı denizcisini tanıtmak istiyorum. İsmi Piri Reis. Kendisi Gelibolu'da dünyaya geldi. Denizde oynayarak büyüdü. Amcası Kemal Reis'in yanında deniz seferlerine katıldı. Amcasıyla yolculuğa çıktığında, gittiği gördüğü yerlerin haritalarını çiziyordu. Önceleri zevk olarak yaptığı denizcilik daha sonra mesleği hâline geldi ve o kadar kıymetli haritalar çizdi ki...

Sultanlara Layık Harita

Piri Reis, yıllarca emek vererek sadece gezdiği gördüğü yerlerin değil bütün Dünya'nın haritasını bugünküne yakın doğrulukta çizdi. Bu çok kıymetli eserini padişah **Yavuz Sultan Selim**'e sundu. Sultan Selim, haritayı çok beğendi. Onu ödüllendirdi ve çalışmalarına devam etmesini istedi. Ne yazık ki bu çalışmaları görmeye ömrü yetmedi.

Böyle Harita Görülmedi

Piri Reis bir yandan seferlere çıkıyor, bir yandan ceylan derileri üzerine harita çizmeye ve öğrendiklerini yazmaya devam ediyordu. Eserlerini yeni padişah **Kanuni Sultan Süleyman**'a sunmak ise en büyük hayallerindendi. Bu hayaline kavuşması çok uzun sürmedi. Hadi gel seninle Piri Reis'in padişaha sunduğu Dünya haritasına bakalım.

Burası balinayı yakaladığımız yer.

Burası 3 maymun oynadığımız yer.

Piri Reis'in padişaha sunduğu tek şey Dünya haritası değildi. Yedi iklim dört bucağı dolaşarak yazdığı Kitabı Bahriye yani **Denizler Kitabı**'nı da padişaha hediye etti. Bu kitap, denizlerle ilgili ayrıntılı bilgi ve haritaları içeriyordu.

Piri Reis'in Muhteşem Dünya Haritasının Özellikleri:

⇨ Ceylan derisinin üzerine yapılmıştır.

⇨ Amerika kıtası henüz keşfedilmeden önce, Amerika'yı gösteren ilk dünya haritasıdır.

⇨ Haritanın günümüze sadece kuzeybatı parçası kalmıştır. Geri kalan kısımlar ne yazık ki kayıptır. (Onları bulman için belki bir müzenin gizli odasında, belki yer altında seni bekliyorlar.)

⇨ Haritada, 7 adet papağan, üç kral, bir devekuşu, bir fil, üç maymun, bir yılan, bir lama, birkaç öküz ve büyük bir balık resmi de bulunuyor. Piri Reis, denizci ve haritacı olduğu kadar, haritalarını eğlenceli hâle getirmeyi de seviyormuş anlaşılan.

⇨ 90x60cm boyutlarındadır.

⇨ Çizimi 1513(hicri 919) yılında tamamlanmıştır.

⇨ O zamanın bilgileriyle nasıl bu kadar ayrıntılı çizim yapabildiğinin sırrı bugün hâlâ çözülememiştir.

PİRİ REİS, 1465-1553 (h. 869-961)

Unvanı: Reis
Doğduğu Yer: Gelibolu
Yaşadığı Yer: Denizler
Mesleği: Kaptan, harita mühendisi, yazar, coğrafyacı
Hobileri: O kıyı senin bu kıyı benim dolaşıp gördüklerini yazmak ve resimlerini yapmak.

ÇOKBİLMİŞ GAZETE-1513

İlle de İmza İsteriz

Piri Reis'in bol resimli gezi kitabı çıkardığını öğrenenler imzalı kitap almak için Beyazıt Meydanı'nda sıraya girdi. Kitap çoğaltılamadığı için imzalı kitap alamayan kalabalık, dudaklarını bükerek dağıldı.

Piri Reis'in kitabından bir an önce yararlanmak isteyen denizciler, çok sayıda müstensihle yani kitapları yazarak çoğaltan kişilerle görüştüler. Fakat müstensihlerin çoğu, özür dileyerek teklifi kabul edemeyeceğini söyledi. Bunun sebebini açıklamak istemeseler de biz Çokbilmiş Gazete yetkililerinin gözünden kaçmadı. Piri Reis'in çizdiği haritaların kopyasını yapmak hiç kolay değil.

ZİHİN AÇAN HAFIZA TESTİ

1. Piri Reis'in yazdığı en meşhur kitabın adı nedir?
a) Kitabı Bahriye
b) Dünya Haritası
c) Uçsuz Bucaksız Denizler
d) Kayıp Haritanın Peşinde

2. Piri Reis'in haritasında, gitmese de görmese de, hatta onun döneminde henüz keşfedilmemiş olsa da çok ayrıntılı bir şekilde çizdiği kıta hangisidir?
a) Asya
b) Amerika
c) Avrupa
d) Hindistan

3. Piri Reis hangi padişahların döneminde yaşamıştır? Bu padişahların her ikisine de verdiği hediye nedir?
a) Yavuz Sultan Selim-Kanuni Sultan Süleyman, harita
b) Fatih Sultan Mehmet-Kanuni Sultan Süleyman, kadırga
c) Fatih Sultan Mehmet-Yavuz Sultan Selim, kadırga
d) 2. Selim-3. Ahmet, harita

4. Piri Reis'in yaptığı haritada aşağıdakilerden hangisinin resmi bulunmaz?

a) Devekuşu
b) Balina
c) Papağan
d) Koala

5. Aşağıda gördüğün pul, 1992 yılında kaptan, harita mühendisi, yazar ve coğrafyacı olan Piri Reis anısına Laos'ta basılmıştır. Kendisi anılırken ismiyle birlikte kullanılan reis kelimesi hangi anlama geliyor olamaz?

a) Başkan
b) Kaptan
c) Denizci
d) Matematikçi

Mini Not: 5. sorunun cevabını sana Piri Reis'i anlatırken vermemiştik. Ama sen bu soruyu çözmüş olmalısın. Piri Reis, gemisinin kaptanı, Osmanlı donanmasının başkanı yani amirali, denizlerin aşığı idi. Reis kelimesi bunların hepsi için kullanılıyor. Bu nedenle doğru cevap d şıkkı.

EL-CEZERİ VE MATRAK ROBOTLARI

Robotların İlk Mucidi

el-Cezeri dünyada robot çalışmalarını ilk kez yapan kişi olarak bilinir. Cezeri dediysek cezerye değil tabi ki.

Cezerye bir yiyecek. Cezeri ise Cizreli anlamına geliyor. 1200'lü yıllarda Diyarbakır'da bulunan Artuklu Hükümdarı Nasirüddün Mahmud, Cezeri'nin yaptığı robotları çok beğenince ona yaptığı eserlerin resmini çizmesini ve bunları bir kitapta bir araya getirmesini rica etmiş. Cezeri de bir çalışma yaparak eserlerini bir kitapta anlatmış. Ne ileri görüşlü bir hükümdarmış. İyi ki de bunu istemiş.

Matrak Robotlar

el-Cezeri, birbirinden eğlenceli robotlarını **Mühendislikte Mekanik Hareketlerden Faydalanma Kitabı** adlı eserinde çizimler eşliğinde kaleme almış. el-Cezeri'nin tasarladığı robotlarda neler yoktu ki...

Birbirinden ilginç dev su saatleri, güneş saatleri, abdest almak için su döken robot, içecek ikram eden robot, hacamat robotu, otomatik çalışan fıskiyeler, kuyudan su çıkarma makineleri ve daha neler neler...

Bundan neredeyse 800 yıl önce yaşayan birinin bu kadar ilginç robotlar tasarlaması seni çok şaşırttı öyle değil mi?

Aslında el-Cezeri, doğuda böyle çalışmalar yapanlardan sadece biri. Fakat savaşlar, yakılıp yıkılan kütüphaneler, doğal felaketler gibi sebeplerle pek çok bilim adamının eserleri ne yazık ki günümüze ulaşamamış. Neyse ki, el-Cezeri'nin bazı eserleri günümüze kalabilmiş. Filli saatinden başlayarak, onun robotlarını yakından tanıyalım:

EL-CEZERİ'NİN ROBOT KOLEKSİYONU

Kupa saati

Katipli mumlu saat

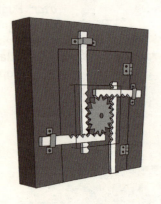

Kapı kilidi

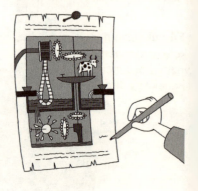

Kovalı su dolabı

EL-CEZERİ'NİN ROBOT KOLEKSİYONU

Hacamat aleti

Abdest alma aleti

Suyla çalışan tavus kuşlu mekanizma

Diyarbakır Ulu Camideki Güneş Saati

Asıl Kaynaklar

Bu çizimlerin orijinallerini görmek istersen **Topkapı Sarayı**'na gidebilirsin diyeceğim ama yazma, yani geçmişten günümüze kalmış, el yazısı eserlerin, ancak araştırmacılara açıldığını, bunun için de en azından üniversiteyi okuman gerektiğini biliyorsun. Ama hiç belli olmaz, bu eserler çok yakında dijital bir kütüphane ile evine kadar gelebilir.

Cezeri'nin eserlerinin maketlerini görmek istersen, İstanbul'a, turistlerin sıkça ziyaret ettiği **İslam Bilim ve Teknoloji Tarihi** müzesine gidebilirsin. Günümüzde robot yapmayla ünlü olan Japonlar, o dönemde el-Cezeri'nin icatlarını duymuş olsalardı, herhalde koşa koşa Cizre'ye gelirlerdi.

Mini Not:

Cizre'yi öyle uzaklarda bir yerlerde sanma. Cizre bugün Şırnak ilimizin bir ilçesi. Yani el-Cezeri ülkemiz topraklarında doğup büyümüş bir bilim insanı.

Eskiden insanlara isim verilirken nereli olduğu da isimlerine eklenirdi. Hatta nereli olduğu, o kadar çok söylenirdi ki kendi adı bile unutulurdu. el-Cezeri'nin adı da bu bölümün başında söylediğimiz gibi bu şekilde oluşturulmuştur.

Eskiden Cizre'yle bağlantılı olan Diyarbakır'da, el-Cezeri'nin hatıraları hâlâ yaşıyor.

Eğer Diyarbakır Ulucami'ye gittiysen ve avludaki güneş saatini gördüysen, el-Cezeri'nin eserlerinden birini yakından görmüşsün demektir. Aradan neredeyse bin yıl geçtiği için bu eser ilk günkü kadar pırıl pırıl olmasa bile bize çok şey anlatıyor.

EL-CEZERİ, 1136-1233
(h. 530-631)

Unvanı: Mekanik biliminin kurucusu, endüstri devriminin habercisi

Doğduğu Yer: Cizre

Yaşadığı Yer: Cizre

Mesleği: Mühendis, robot mucidi

Hobileri: Kolaylaştırmak istediği her iş için robot yapmak

ÇOKBİLMİŞ GAZETE-1206

Kıymetbilir Hükümdar

el-Cezeri'yi transfer etmek isteyen küçük ev âletleri üreten firmalar kendisine dudak uçuklatan transfer ücretleri teklif ettiler. Fakat Artuklu hükümdarı maaşına çok dolgun bir zam yaparak el-Cezeri'yi kimseye kaptırmamayı başardı.

Bilim adamının kıymetini bilen hükümdarları çok seviyoruz doğrusu. Dünyanın her yerinde onlara ihtiyaç var.

ZİHİN AÇAN HAFIZA TESTİ

1. Cezeri ne anlama gelir?
a) Cizreli
b) Cezerye
c) Cezve
d) Cızbız

2. Cizre, günümüzde nerede bulunuyor?
a) Şırnak
b) Harzem
c) Bağdat
d) Diyarbakır

3. Aşağıda gördüğünüz temsili resimde el-Cezeri'nin ele su dökmeye yarayan bir robotunu görüyoruz. Bundan sekiz yüz yıl önce, elektrik yokken, teknoloji günümüzdeki kadar gelmişmemişken, küçük ev âletleri ve dev robot saatler yapabilen Cezeri, robotlarını yaparken hangisini kullanmış olamaz?

a) Pil
b) Yerçekimi
c) Basınç
d) Su

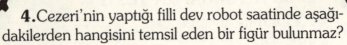

4. Cezeri'nin yaptığı filli dev robot saatinde aşağıdakilerden hangisini temsil eden bir figür bulunmaz?

a)Salahaddin Eyyubi
b)Ejderha
c)Çin
d)Fransa

5. Eğer .... Ulucami'ye gittiysen ve avludaki güneş saatini gördüysen, el-Cezeri'nin eserlerinden birini yakından görmüşsün demektir. Aradan neredeyse bin yıl geçtiği için bu eser ilk günkü kadar pırıl pırıl olmasa bile bize çok şey anlatıyor.

Yukarıda adı geçen şehir hangisidir?

a)Diyarbakır
b)Şanlıurfa
c)Şırnak
d)Adana

6. Aşağıdakilerden hangisi el-Cezeri'nin kitabıdır?

a)Kanun
b)Mühendislikte Mekanik Hareketlerden Faydalanma Kitabı
c)Başlayanlar İçin Eczacılık
d)Kitabı Bahriye

ULUĞ BEY VE KOCAMAN GÖZLEMEVİ

Uygarlık Merkezi

Müslümanlar 15. yüzyılda bilim alanında altın çağını yaşıyor, bilim adamları yeni buluşlar için adeta yarışıyordu. Biz de seninle bu altın çağın içinde kısa bir tur talım.

Uluğ Bey, bu dönemde Timur Devleti'nin yöneticisi. Kendisi, içinde yaşadığı şehir **Semerkant**'ı uygarlık merkezi haline getirmek istemiş.

Uluğ Bey'den önce Meraga'da gözlemevi kurulmuş, burada uzay araştırmaları yapılmıştı. Uluğ Bey de Semerkant'ta bir gözlemevi açarak çalışmalara yenilerini eklemek istiyordu...

Uluğ Bey, çok geçmeden gözlemevini kurdurdu. Burada yaptığı çalışmalarda **Kadızade Rumi, Gıyaseddin Cemşid** ve **Ali Kuşçu** en yakın destekçileriydi. Kadızade, gözlemevinin yönetimini üstlenmişti.

Uluğ Bey, yalnız bir bilim insanı değildi. Bilimsel çalışmalarını tek başına yapmıyor, aynı zamanda çok sayıda bilim insanı yetiştiriyordu. Elbette asıl görevi olan devlet yönetimini de başarıyla devam ettiriyordu.

Orda Öğren, Burda Uygula

Uluğ Bey, bu gözlemevini diğer adıyla rasathaneyi yaptırmadan önce medrese yaptırmış, böylece medrese ve gözlemevinin birbirini desteklemesini sağlamıştı.

Medresede öğrenilen bilgiler, gözlemevinde uygulanıyor, gözlemevinde elde edilen bulgular, medresede kayda geçiriliyordu. Elbette sadece astronomi değil, matematik, kimya, edebiyat dersleri de veriliyordu.

Ne kadar muhteşem! Kim böyle bir üniversitede okumak istemez ki. Böylece öğrendiğin bilgiler, zihninden uçuuup gitmiyor. Kocaman bir üniversite, yanında da kocaman bir labaratuvar. Uluğ Beyin etrafındaki herkes bilim adamı olmuştur herhalde.

Yıldız Katalogu

Uluğ Bey, medrese ve gözlemevinde çalışarak ekibiyle birlikte **Zeyci Sultani** ve **Zeyci Kürkani** adlı eserleri yazdı. Zeyc, gökbilim araştırmalarının kaydedildiği katalog ve cetvellere verilen isimdi.

Uluğ Bey'in yıllarca yapılan gözlemlerin sonucu olan eserleri, pek çok Asya ve Avrupa diline çevrildi, kendilerinden sonra yaşayan gökbilimcilere kaynak oldu.

Teleskop Yokken

Evet, gerçekten de günümüzde uzay araştırmaları karşılaştırılamayacak kadar kolay hâle geldi. Uzay araçları, gelişmiş optik cihazlar, füzeler ve daha pek çok cihaz icat edildi. O zamanlar daha teleskop bile icat edilmemişti.

Bu zor şartlar altında, Uluğ Bey ve ekibinin binden fazla yıldızın yerini doğruya yakın tespit etmiş olması, hayret vericiydi.

On Parmağında Yüz Marifet

Uluğ Bey, dünya tarihinde eşine az rastlanan bir insandı. Çünkü o,

hem devlet adamı

hem bilim adamı

hem yazar

hem çizer

hem de akademisyendi.

Bilim Adamı Akını

Uluğ Bey'in gözlemevinin ünü kısa zamanda yayılmıştı. Uluğ Bey'in yaptığı davetlerin dışında, onun çalışmalarını duyan bilim adamları komşu ülkelerden, gözlemevini görmeye geliyorlardı. Güneş, Ay ve Dünya'nın yeri, bir yılın ne kadar süre olduğu gibi hesapları ondan öğreniyorlardı.

Semerkant'taki bu muhteşem gözlemevi ve medrese, yıllarca bugünkü **Özbekistan** ve çevresindeki ülkeleri aydınlattı. Uluğ Bey'in eserleri gökbilimcilerin başvuru kitabı oldu, yabancı dillere çevirileri yapıldı.

Bu kısa ama altın gibi değerli turumuzu tamamladığımıza göre, artık yeni bir yolculuğa çıkabilirz. Hadi seninle bu kez Uluğ Bey'in öğrencisi ve yardımcısı Ali Kuşçu'nun yanına ışınlanalım. Bilim tarihine yolculuk çok eğlenceliiiiiiii...

ULUĞ BEY, 1393-1449
(h.796-853)
Unvanı: Gökbilimci kral
Doğduğu Yer: Semerkant
Yaşadığı Yer: Semerkant
Mesleği: Devlet başkanı, bilim adamı, matematikçi, gökbilimci
Hobileri: Uzayla ilgili her konuyu araştırmak.

ÇOKBİLMİŞ GAZETE-1440

Yoksa Uzaylı mı?

Devlet başkanlığı ve gökbilimcilik işini aynı anda yürüten, bir yandan da öğrenciler yetiştirip gözlemevi sorumlularıyla iş görüşmesi yapan Uluğ Bey'in uzaydan geldiği düşünülüyor.

ZİHİN AÇAN HAFIZA TESTİ

1. Aşağıdakilerden hangisi Uluğ Bey hakkında söylenemez?

a) Gözlemevi kurmuştur.
b) Medrese kurmuştur.
c) Anadolu'da yaşamıştır.
d) Devlet yöneticisidir.

2. Aşağıdakilerden hangisi Uluğ Bey'in çalışma alanında değildir?

a) Uzay
b) Gökbilim
c) Yıldızlar
d) Robotlar

3. Semerkant gözlemevini ziyarete gelen bilim insanları, Uluğ Bey'in yetenekleri karşısında şaşkına dönmüşlerdir. Aşağıdakilerden hangisi Uluğ Bey'in çalıştığı bilim insanlarından değildir?

a) Kadızade Rumi
b) Gıyaseddin Cemşid
c) Ali Kuşçu
d) Ali Şir Nevai

4. Uluğ Bey, daha önce Meraga'da bulunan rasathaneyi örnek alarak, kendisi de Semerkant'ta bir rasathane kurdurmuştur. Rasathane kelimesi ne anlama gelir?

a) Gözlemevi
b) Hastane
c) Yurt
d) Park

5. Uluğ Bey ve ekibinin hazırladığı yıldız katalogunda yaklaşık kaç adet yıldız hakkında bilgi bulunuyordu?

a) 500
b) 15
c) 1000
d) 75

6. Müslümanlar 15. yüzyılda bilim alanında .... çağını yaşıyor, bilim adamları yeni buluşlar için adeta yarışıyordu.

Yukarıda boş kalan yere hangi kelime gelmelidir?

a) Altın
b) Karanlık
c) Orta
d) İlk

ALİ KUŞÇU VE İNANILMAZ AY HARİTASI

Doğancılıktan Gökbilimciliğe

Ali Kuşçu'nun babası Uluğ Bey'in doğancısı olarak çalışıyordu. Uluğ Bey küçük Ali'yi çocukken eğitime aldı.

Ali Kuşçu, babasıyla birlikte doğanlarla uğraşırken bir anda kendisini yıldızların arasında buldu. Uluğ Bey'in seçkin bir öğrencisi, yaptığı gözlemlerde en büyük yardımcılarından biri oldu.

Gizli Yolculuk

Bilgiye doymayan Ali Kuşçu, yeni bilgilere kavuşmak için bir süre Kirman'a gitti. Orada Nasirüddin Tusi'nin eserlerini okudu. Aynı zamanda **Ay'ın Evreleri** adlı kitabını yazdı.

Kuşçu, bu yolculuğa çıkarken izin alamama endişesiyle Uluğ Bey'e haber vermemişti. Kimbilir belki de gözlemevi o kadar kalabalık olmuştu ki, Ali Kuşçu'nun yalnızlığa çekilmeye ve sessiz bir ortama ihtiyacı vardı. Bunu sen de fark etmişsindir. Sessiz ortamda çalışanlar gürültülü ortamda çalışanlardan daha başarılı olurlar.

Rasathane Müdürü

Ali Kuşçu, bir süre Kirman'da kaldıktan sonra geri döndü. Uluğ Bey, izin almadan uzaklara gittiği için Ali Kuşçu'nun yaptığından hoşnut değildi. Ama harika eserini görünce, onu affetti.

 Bu, benden izinsiz gittiğin için.

 Bu da harika eserin için.

Uluğ Bey, ilmini arttırması için Ali Kuşçu'yu bir süreliğine Çin'e gönderdi. Kadızade vefat ettiğinde, rasathane müdürlüğü görevini de ona verdi.

Acı Günler

Ali Kuşçu, Uluğ Bey gözlemevinde mutlu, mesut, bahtiyar bir şekilde çalışırken, Uluğ Bey ne yazık ki oğlu tarafından tahtından indirildi. Bunun üzerine Semerkant'ta koruyucusuz kalan Ali Kuşçu, buradan ayrıldı. Akkoyunlu hükümdarı Uzun Hasan'ın yanına, Tebriz'e gitti. Uzun Hasan, Ali Kuşçu'ya hayran kalmıştı. Onu, Osmanlı padişahı Fatih Sultan Mehmet'e elçi olarak gönderdi. Osmanlılarla aralarındaki gerginliklerin düzelmesini istiyordu. Ali Kuşçu'nun bu meseleyi çözeceğini düşündü.

İstanbul Yolunda

Ali Kuşçu, az gitti, uz gitti, dere tepe düz gitti, sonunda güzeller güzeli İstanbul'a vardı.

İstanbul'u fethetmiş olan padişah Fatih Sultan Mehmet'i ziyaret edeceği için çok heyecanlıydı.

İlme çok değer veren padişah Sultan Mehmet, onu büyük bir mutlulukla karşıladı. Ali Kuşçu'yla yakından ilgilendi. Kendisine elçilik görevi bittikten sonra İstanbul'a dönmesini ve çalışmalarına İstanbul'da devam etmesini teklif etti.

Yeni Hayat

Uluğ Bey'in tahttan indirilmesiyle yapayalnız kalan Ali Kuşçu'yu şimdi yeni bir hayat bekliyordu.

Uzun Hasan'a, Fatih'in söylediklerini ilettikten sonra geri döndü. Ali Kuşçu'nun geldiğini öğrenen Osmanlı halkı Ali Kuşçu'yu Akkoyunlu sınırında büyük bir coşkuyla karşıladı.

Hadi biz de katılalım onu karşılayan kalabalığın arasına. Görüyor musun, Ali Kuşçu neye uğradığını şaşırmış. Eğer o zamanlar uçakla yolculuk mümkün olsaydı, havaalanında iğne atsan yere düşmezdi.

İstanbullu Günler

Bilim adamlarına çok değer veren Osmanlı halkı, Ali Kuşçu'nun gelişine çok sevinmişti. Benzer bir karşılamayı başkent İstanbul'da da gören Ali Kuşçu, Ayasofya Medresesi'nde göreve başladı. Astronomi, matematik, fıkıh, kelam, dil bilim alanlarında çalışan ve çok sayıda bilim adamı yetiştiren Ali Kuşçu, ayda 200 altın aylık alıyordu. Altınlarını saya saya bitiremiyordu. (İnanmadın değil mi? Ali Kuşçu'nun sayı saymakta zorlanması mümkün mü? O bir matematik dehası.)

Bu kitaptaki bilginleri eserlerini hep günümüzde kullandığımız dile çevirerek paylaştık seninle. Hadi gel birlikte Ali Kuşçu'nun kütüphanesine gidelim ve özgün isimlerini okuyalım yazdığı bazı kitapların. Anlamlarını da yine yazdık yanına.

* Risâle fi'l-hey'e: Astronomi kitabı
* Risâle fi'l-hisâb: Aritmetik kitabı
* Şerh-i Zîc-i Uluğ Bey: Uluğ Bey katalogunun açıklaması
* Risâletü'l-fethiyye
* Risâletü'l-Muhammediyye (Bu ikisini az sonra anlatırım)

Sultana Armağan

Ali Kuşçu gece gündüz çalışarak çok sayıda eser kaleme aldı. Ağzının şaşkınlıktan açık kalmaması için bu kitaplardan yalnızca bir kısmını paylaştık. Bunlardan en meşhur olan ikisi Risâletü'l-fethiyye yani Fetih Kitabı ve Risâletü'l-Muhammediyye'dir.

Fetih Kitabı'nı, Akkoyunlulara karşı zafer kazandığında, Fatih Sultan Mehmet'e atfetti. İsminin fetih olması bundan. İçeriği ise tarih sanıyorsan yanılıyorsun. O da bir astronomi kitabı.

Muhammediye isimli kitabı da yine Fatih Sultan Mehmet'e armağan etmiş ve kitaba onun adını vermişti.

Neden Mehmet değil de Muhammed diye merak ettiysen hemen anlatayım. Bildiğin gibi Hz. Muhammed(sav)'in ismini çocuklarına vermek isteyen Türkler bu ismi, Mehmet şeklinde söylemişler. Ali Kuşçu bu kitaba isim verirken Sultan Mehmet isminin özgün hâlini kullanmış.

Yüzyıllarca Unutulmamak

Ali Kuşçu'nun bilime katkıları saymakla bitmez. Güneş'in, Ay'ın ve diğer gezegenlerin Dünya'ya ne kadar uzak olduğunu ölçmek için çalışması ve Dünya'nın uydusu Ay'ın haritasını yapması en önemli çalışmalarıydı. Kendi zamanı için çok ileri seviyede bir Ay haritası yaptığı için, tahmin edeceğin gibi o da günümüzde Ay'daki bir bölgeye ismi verilenlerden ve yüzyıllar boyunca unutulmayanlardan biridir. Ne mutlu ona!

ALİ KUŞÇU, ...-1474
(h...-879)
Unvanı: Evrensel Bilim Adamı
Doğduğu Yer: Semerkant
Yaşadığı Yer: İstanbul
Mesleği-Hobileri: Uzayla ilgili her konu

TAKİYYÜDDİN VE İSTANBUL GÖZLEMEVİ

Dımaşk'tan İstanbul'a

Şimdi yine İstanbul'da yaşayan ve gökbilimle ilgili büyük hayalleri olan başka bir bilginin dünyasına gidiyoruz. İsmi Takiyyüddin.

Takiyyüddin aslında Dımaşk'ta doğdu. İlk eğitimini orada aldı. Ailesinin taşınmasıyla İstanbul'a geldi. Mısır'a giderek orada hem eğitim aldı hem müderrislik yaptı. Müderrisler, bugünün üniversite hocaları gibi yüksek öğrenim alanında çalışıyorlardı. Astronomi ve matematik alanlarında çalışan Takiyüddin, 2. Selim'in dikkatini çekmişti.

Müneccimbaşı

2. Selim, Takiyyüddin'i müneccimbaşı tayin etti. Müneccim, ilm-i nücum yani astronomi ilmiyle uğraşan kişilere deniyor o zamanlar. Takiyyüddin de müneccimlerin başı olarak çalışıyordu. İlk gözlemlerini Galata Kulesi'nde yaptı.

İstanbul Gözlemevi

Sonraları tahta geçen padişah 3. Murat'tan gözlemevi kurulması için destek istedi. Uluğ Bey'in hazırladığı cetvellerin güncellenmesi gerektiğini anlatıp ikna etti. Çünkü, bilimin sadece proje yapmak olmadığını, daha önemlisinin uygulamak olduğunu biliyordu. Gözlemevi genç bilim adamı adayları için müthiş bir fırsat olacaktı. 3. Murat gereken izni verince gözlemevini kurdu.

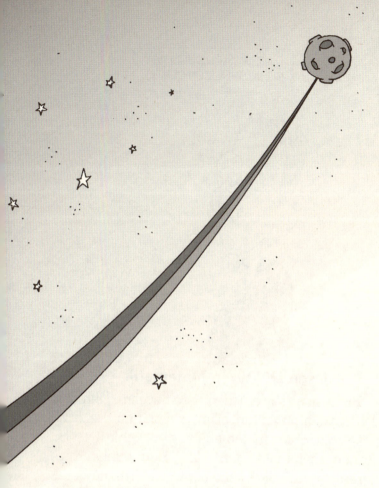

Gündüzleri uzay hayalleri kuran, geceleri uzay düşleri gören Takiyyüddin bu izin üzerine henüz uzay aracını icat etmeden sevinçten havalara uçmuştu. Mümkün olsa, Ay'dan Dünya'ya bir kaydırak kurup çocuklar gibi eğlenecekti. Çünkü bu, Osmanlı tarihinde kurulan ilk gözlemevi, Takiyyüddin de bu gözlemevinde çalışan ilk bilginlerden olacaktı.

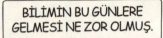

Kurdeşen Döktüren Matematik

Bu arada söylemeden geçmeyelim. Şimdiye dek saydığımız bütün bilim adamlarının ve daha pek çoklarının matematikle arası çok iyi. Bu yüzden matematik dersinde, "Ben bunları niye öğreniyorum." diye kendini yiyip bitirmene gerek yok. Matematik, bilimin en önemli temellerinden.

Muhteşem bir astronom olan Takiyyüddin'in de matematikle arası çok iyiydi. Trigonometriyi biliyor, günümüzde sinüs, kosinüs, tanjant, kotanjant olarak bilinen konuları eserlerinde açıklıyordu.

Takiyyüddin, optik ve mekanik alanlarında da çalışmalar yaptı, bu konularda kitap yazdı.

İstanbul gözlemevinde bir kütüphane de kuran Takiyyüddin, değerli kitapları bu kütüphanede topladı.

Bütün bu birikimlerinden yola çıkarak gözlemevinde kullanılan âletlerin çoğunu kendisi icat etti. Gözlemevindeki âletlerden 8'in Takiyyüddin'e ait. Diğer âletler, Meraga ve Semerkant gözlemevlerinde kullanılanlardan ilham alınarak yapılmış. Hadi gel Takiyyüddin'in rasathanesine göz atalım. Sonra da gözlem âletlerini yakından inceleyelim.

TAKİYYÜDDİN'İN GÖZLEM ALETLERİ

El emeği göz nuru, muhteşem gözlem âletleri

Ahşap kadran

Paralaks cetveli

Kirişli Âlet

Yıldızlar arası mesafeyi ölçme aleti

Çok Anadal

Takiyyüddin'in kullandığı âletler o dönemde başka bilim adamları tarafından örnek alındı..

O zamanlar, bilim insanlarının birden fazla alanda çalışmaları daha mı kolaydı acaba. Şimdilerde farklı alanlarda eğitim almak için çift anadal yapmak gerekiyor. Eskiden öyle değilmiş ama. Bilim adamları çift değil, çok sayıda anadalda çalışabiliyorlarmış. Takiyyüddin de öyle. Astronomi alanındaki icatları dışında, su cihazları da yapmış. Nehir sularının tarlalara kolayca ulaşması için icat ettiği bu cihazı da gördüğümüze göre artık yolumuza devam edelim. Bakalım bizi dâhilerin hangi çılgın yöntemleri bekliyor.

ÇOKBİLMİŞ GAZETE-1580

Yeni yazdığı kitabında çok sayıda gözlem aletinin resimlerini paylaşan Takiyyüddin'in, gözlem âletlerinden ikisini kendisinin icat ettiğini öğrenen Danimarkalı Tycho Brahe saç yolma hastalığına tutuldu.

TAKİYYÜDDİN, 1521-1585 (h. 932-993)

Unvanı: İlk İstanbul rasathanesinin kurucusu

Doğduğu Yer: Dımaşk

Yaşadığı Yer: İstanbul ve Mısır

Mesleği: Müneccimbaşı, bilim adamı

Hobileri: Uzayla ilgili hayaller kurmak

DÜŞÜN TAŞIN BUL

1. Kendi zamanının meşhur bilim adamı Ali Kuşçu, ülke topraklarına ayak bastığında Osmanlı halkı tarafından büyük bir coşkuyla karşılanmıştı. Ali Kuşçu, şarkıcı, futbolcu ya da oyuncu olmadığına göre Osmanlı halkının Ali Kuşçu için toplanması onların hangi yönünü gösteriyordu. Bu konuda kendi düşüncelerini yazar mısın?

2. Fatih Sultan Mehmet, kendisini elçi olarak ziyaret etmiş olan Ali Kuşçu'nun iyi bir bilim adamı olduğunu biliyordu. Bu nedenle onu ülkesine davet etti. İstanbul'un en iyi eğitim merkezlerinde görev verdi. Bu konuda Fatih Sultan Mehmet için hangisi söylenemez?

a) Bilim insanlarının değerini bilir.
b) Bilim insanlarına fırsat verir, destek olur.
c) Bütün elçilere ülkesinde kalmayı önerir.
d) Osmanlı Devleti, bir bilim merkezidir.

3. Takiyyüddin, Osmanlı'nın ilk gözlemevini nerede kurmuştur?

a) İstanbul
b) Bursa
c) Edirne
d) Ankara

4. Takiyyüddin'in gözlemevi kurmasına destek olan padişah kimdir?

a) 2. Murat
b) 3. Murat
c) 4. Murat
d) 1. Murat

5. Takiyyüddin, İstanbul Tophane sahilinde kurduğu gözlemevinde aynı zamanda çok sayıda bilim insanı yetiştiriyordu. Tıpkı, Uluğ Bey gibi ilmini başkalarından gizlemeyen ve insan yetiştirmeyi seven Takiyyüddin'in gözlemevinde aşağıdakilerden hangisi yoktu?

a) Takiyyüddin'in kendi icat ettiği âletler
b) Daha önceki yıllarda, Osmanlı bilim adamlarının yaptıkları gözlemevlerinde kullandıkları âletler
c) Kütüphane
d) Meraga ve Semerkant gözlemevlerinde kullanılan âletlerden örnek alınarak yapılan gözlem âletleri

BİRUNİ VE AKILALMAZ GÖZLEMLERİ

İlk Kitap

Şimdiiii, hazır ool! Sana çok ilginç bir bilgi vereceğim. Yolculuğumuzun yeni durağındaki bilim insanı, Biruni, ilk kitabını 17 yaşında yazdı, güneşi gözlemek için kullandığı ilk âleti de yine aynı yaşta icat etti.

Ömrü boyunca hiç durmadan kitap yazmaya ve dönemin siyasi koşulları gereği farklı şehirlerde yaşamaya devam eden Biruni, yıllar sonra, astronomi kitaplarından birini, el-Kanunü'l Mesudi'yi Sultan Mesut'a sunacaktı.

Gel birlikte onu izleyelim. Sultan Mesut, Gazneli hükümdarı Sultan Mahmut'un oğluydu. Bilime düşkün olan Sultan Mesut, Biruni'nin eserine karşılık, onu, elmas, yakut, gümüşlerle yüklü bir fille ödüllendiriyor. Bakalım Biruni ne cevap veriyor.

Kıble Nerede

Her ne kadar kendisine verilen hediyeyi kabul etmese de Biruni'nin, Sultan Mesut'a kitap hediye edebilecek ilme sahip olması hiç kolay olmadı. Harzemşahların ülkesinde yaşıyordu. Gaznelilerin sultanı burayı fethedince Biruni'nin hayatı değişti.

Gazneli Sultan Mahmut, Biruni'nin yetenekli bir bilim adamı olduğunu fark etti. Onu, sarayına davet etti ve Biruni, Gaznelilerin sarayında çalışmaya başladı.

Biruni için ilim öğrenmek dünyadaki mücevherlerden daha değerliydi. Çok sevdiği ilime ömrünü adadı. Akılalmaz gözlemler yaptı.

Onun yaptığı çalışmaları saymaya nereden başlasak... Müslümanların bulmakta zorluk çektikleri kıble yönünü doğru bir şekilde tespit etti. Aynı bilgiyle pek çok şehrin hangi yönde olduğunu ölçtü.

Simya, Kimya, Coğrafya, Matematik...

Altın, gümüş, demir, bakır gibi madenlerin erimelerini, özgül ağırlıklarını inceledi, karışım alaşım problemleri çözdü. Günümüzde hacim, kütle, özgül ağırlık olarak bildiğimiz konuları araştırdı.

Biruni'nin en önemli gözlemlerinden biri, bu konuda kararsız kalmış olsa da, Dünya'nın kendi etrafında döndüğünü tespit etmekti. Biruni sadece dünyanın kendi etrafında döndüğünü tespit etmekle kalmamış, aynı zamanda gezegenlerin Güneş etrafında dönüyor olabileceğini de tahmin etmişti. İnsanlar kendisine, Dünya dönüyorsa, üstündekiler niye düşmüyor diye sorduklarında, yerde nesneleri tutan bir kuvvet olduğunu söyledi.

Biruni bütün bunları söylediğinde Avrupalılara Dünya'nın Güneş etrafında döndüğünü ilk kez ifade eden Galile ve yerçekiminin varlığını anlatan Newton'un dünyaya gelmelerine yüzyıllar vardı.

Aliboron

Bundan bin yıl önce, Dünya'nın çapını ve çevresinin kaç olduğunu bugünkü tespitlere yakın şekilde bulan Biruni'ye Avrupalılar, el-Biruni yerine Aliboron diyorlardı. Biruni'nin yazdığı 140 civarında kitabın çoğu Avrupa dillerine çevrildi. Biruni de tıpkı çağdaşı İbni Sina gibi dünya bilim tarihinde çığır açan, öncülük yapan, tarihi değiştiren bilim insanlarından biri.

Biruni'nin bir dâhi olduğunu söyleyen sadece biz değiliz. The Unesco Courier dergisi, 1974 yılındaki sayılarından birini Biruni'ye ayırmıştı. Onu "Binlerce yıl önce, Orta Asya'da yaşamış evrensel deha" diye tanıttı.

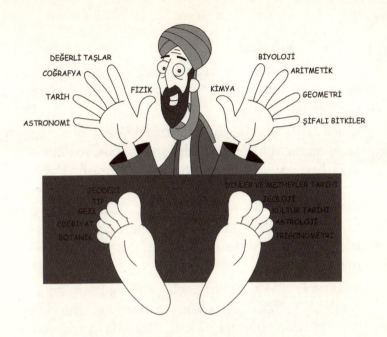

On Parmakta Bin Marifet

Biruni'nin çalışmalarını sayıp, ona on parmağında on marifet diyebiliriz ama Biruni'nin marifetlerini saymaya parmaklar yetmez.

Gerçekten de Biruni, gökyüzünün altında ve üstünde ne kadar konu varsa, hepsi üzerine çalışmıştı sanki. O kadar azimliydi ki gözlem yaparken gözleri güneşten rahatsız olsa, çalışmasına güneşin sudaki yansımasına bakarak devam ederdi.

Enlem ve boylam hesapları yaptı. Bunu yaparken diğer pek çok gökbilimcinin yaptığı gibi trigonometri bilgisini kullandı. Gazne ve Bağdat arasındaki şehirleri dolaşarak, şehirlerin enlem ve boylamlarını buldu.

Ay Tutulması

Gözlemlerinin bir kısmını Bağdat gözlemevinde, bir kısmını dağlara, tepelere çıkarak, kırlara giderek yapıyordu.

Bir Ay tutulmasını Harezm'deyken gözleyip kayıt altına aldı. Aynı tutulmayı, çağdaşı matematikçi Ebu'l Vefa da Bağdat'ta kaydetmişti. Daha sonra ikisi bir araya gelip hesaplarını karşılaştırdılar. Böylece iki şehir arasındaki boylam farkını hesaplayabildiler. İki bilim adamının birlikte çalışması, yeni bir keşfe daha adım atmalarını sağlamıştı.

Biruni, Ay tutulmasıyla ilgili gözlemlerini, Kitab-al Tafhim adlı eserinde resmetti. Bu resmin bundan bin yıl önce, 1019'da yapılması Biruni'nin çağını aşan bir dâhi olduğunu bir kez daha gösteriyor.

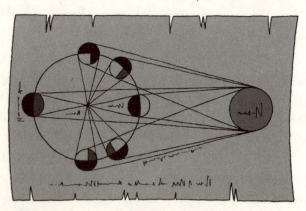

BİRUNİ'NİN AY TUTULMASI MODELİ

Bilim Adamından Bilim Adamına

Biruni, kendisiyle aynı devirde yaşayan İbni Sina ile hem sözlü hem yazılı görüşmeler yaptı. Bu görüşmelerin bir kısmında hemfikir olmadıkları konuları da tartıştılar. Isı ve hareket gibi konuları uzun uzun müzakere ettiler. Birbirlerine soru gönderdiler, gelen cevaplara itiraz ettiler. Aynı çağda yaşayan iki bilim adamı böylece birbirlerini bir yandan aydınlatıyor, bir yandan eleştiriyor, böylece ilimlerini arttırıyorlardı.

Biruni, otların hangilerinin hangi hastalığa iyi geldiğini çok iyi biliyor, hem bir eczacı hem de doktor gibi çalışabiliyordu.

Beyin Ameliyatı

On parmağında bin marifet olan Biruni gökcisimlerini incelemek için kendi usturlabını ve cisimlerin özgül ağırlıklarını ölçmek için piknometreyi icat etti. Bunların bütün ilim adamlarına faydalı olması için resimlerini çizdi. Kimya, botanik, astronomiyle birlikte tıp alanında da çalışan Biruni, İbni Sina'yla birlikte beyin ameliyatı yaptı. Anestezinin yani ameliyat öncesi uyuşturmanın bilinmediği o günlerde, İbni Sina, hastayı uyuşturacak ilaçları bulmuştu. Aynı dönemde yaşayan iki büyük dâhi, İbni Sina ve Biruni'nin birlikte yaptıkları ameliyat başarıyla sonuçlandı. Hasta sağlığına kavuştu. Bir kez daha birlikten kuvvet doğmuştu.

Biruni'den Eserler

Biruni'nin eserlerinden bazılarını senin için seçtik ve hangi konuda olduklarını seninle paylaştık.

* **Kitab el-Cemahir fi Marifet el-Cevahir:** Metalürji
* **el-Asar el-Bakiye an el-Kurun el-Haliye:** Tarih
* **Tahdid Nihayet el-Emakin li-Tashih Mesafat el-Mesakin:** Jeodezi
* **Mekalid İlm el-Hey'e:** Matematik
* **İstihab el-Vucuh el-Mümkine fi Sanat el-Asturlab:** Usturlabın yapımı yani astronomi
* **Kitab fi Sükun el-Arz ev Hareketiha:** Dünya'nın dönüşü yani coğrafya
* **Kitâbü's-Saydele fî Tıp:** Eczacılık

Eserlerinde Arapça ve Farsça'yla birlikte İbranice, Sanskritçe, Süryanice ve Latince'yi de kullanan Biruni'ye, yani 1000 yıl önceye, selam göndererek yeni yolculuğa yelken açıyoruz.

BİRUNİ, 973-1051
(h. 362-443)

Unvanı: Yaşadığı asra ismini veren adam

Doğduğu Yer: Kâs

Yaşadığı Yerler: Rey, Merv, Nişabur, Hemedan, Cürcan, Gürgenç, Gazne, Buhara

Mesleği-Hobileri: Saymakla bitmez

ÇOKBİLMİŞ GAZETE-1048

Muhteşem Bilim Adamımız

Arap, Fars, Antik Yunan ve Hint kültürlerinin tamamına vâkıf olan Biruni'nin Ganj nehri ve Hint kültürü hakkında yazdıkları Frenk ülkelerinde büyük yankı uyandırdı.

Hindistan'ı Biruni'nin bu kitabı sayesinde daha yakından tanıyan Avrupalılar, en çok da Biruni'nin tarafsız anlatımına şaşırdılar. Büyük ihtimalle yüzyıllar boyu Hindistan'ı Biruni'nin bu eserinden öğrenmeye devam edecekler. Hem bilim adamı hem de gezgin olan Biruni'yle gurur duyuyoruz.

HAREZMİ VE BAŞBELASI SAYILAR

Bilge Olmayan Giremez

Matematiği, kendi verdiği ismiyle cebiri, çok sevmiş, bu da yetmezmiş gibi matematiğin gelişmesine katkıda bulunmuş bir bilim insanı Harezmi'yle tanıştıracağım seni. Matematik de sevilir miymiş diyorsan bir kez daha düşün istersen.

Aslında Harezm'de doğup büyümüş olan Harezmi Bağdat'ta, bilimsel çalışmalar yapmak isteyenlerin bir araya geldiği bir Bilgelik Evi'nin kurulduğunu öğrenince Bağdat'a gitti.

Bilgelik Evi, hem kütüphane hem çeviri merkezi hem akademi ve hem de araştırma merkeziydi. Abbasi halifesi Memun tarafında kurulmuştu. Harezmi, burada ilmine ilim katmak ve yeni buluşlara imza atmak istiyordu.

İlim Çin'de Olsa

Avrupalıların Karanlık Çağ ya da Orta Çağ dedikleri dönemde doğuda bilim, altın çağını yaşıyordu.

Halife Memun, Bilgelik Evi'ni kurduğunda, Dünya'nın dört bir yanına eski eserleri bulmaları için görevliler gönderdi. Bu görevliler "İlim Çin'de de olsa gidip alınız." hadisini uygulamak için o şehir senin bu şehir benim dolaştılar. Develerin sırtlarında küfelerce kitabı Bilgelik Evi'ne taşıdılar.

Bilgelik Evi'nde yaşayan mütercimler, Hintçe, Süryanice, Rumca metinleri Arapça'ya çevirdiler.

Halife Memun, bu muhteşem akademiye Harezmi'yi yönetici seçti. Çünkü Harezmi'nin de bir dâhi olduğunu biliyordu.

BİLİM HEYETİ BAŞKANI

Elde Var Sıfır

Harezmi'nin matematiğe en büyük katkılarından birisi, 0(sıfır) sayısını komşu ülkelere ve Avrupa'ya tanıtması oldu.

Sıfır şimdi bize kolay geliyor ama eskiden insanlar, sıfırı bilmezler, 1'den başlayarak sayabilirlerdi. Bir şeyin yokluğunu bir simgeyle ifade edemezlerdi. Bugün bizim için çok kıymetli olan mesela babamızdan 10TL harçlık almakla 100TL almak arasındaki farkı ifaden eden sayı 0. İşte onu bize Harezmi kazandırdı. Böylece bugün kullandığımız onlu sayı sistemi de ortaya çıkmış oldu. 0'ı Hintliler bulmuştu. Onu hesaplarda kullanıp, ondalık sistemi geliştirip dünyaya tanıtan Harezmi oldu. Bununla da yetinmedi.

Sayıların Hindistan'da kelimelerle değil, simgelerle kullanıldığını gördü. Bu simgeleri Arapça'ya uyarladı.

Diğer pek çok bilim adamı gibi o da buluşlarını kitaplarında anlattı. el-Cebir adlı kitabı en önemli eserlerindendi. Avrupalıların kullandığı Algebra kelimesi, Harezmi'nin el-Cebir adlı eserinden geliyor.

ALGEBRA ADI DOĞULU BİLİM ADAMI HAREZMİ'NİN ESERİNDEN GELMEKTEDİR.

SIFIR

ZİFFER

ZENERO

ZERO

Matematik Olmadan Asla

Cebir kelimesi ayrı ya da parçalanmış şeylerin birleştirilmesi anlamına geliyor. Matematikte ise bilinmeyen sayıları bulmak için kullanılan yöntemin adı. Bu, bilmediğimiz sayıları bulmak için harfleri kullanırız.

Harezmi, böyle özel bir isim vererek, cebiri matematiğin diğer bölümlerinden mesela geometriden ayırmıştı. İnsanlar, cebiri yani denklem hesaplamalarını elbette biliyorlardı ama sadece 1. dereceden denklemleri çözebiliyorlardı.

Harezmi ikinci dereceden denklemleri icat etti ve insanlara nasıl çözeceklerini anlattı. Keşke hiç icat etmeseydi de başımıza denklemler konusu çıkmasaydı diye düşünüyorsan yanılıyorsun. Çünkü icat etmemiş olsa, bugün kullandığımız ve mühendislik hesabına dayanan bilgisayarlar, cep telefonları ve makinelerin hemen hiçbirinin plan ve projesi çizilemezdi.

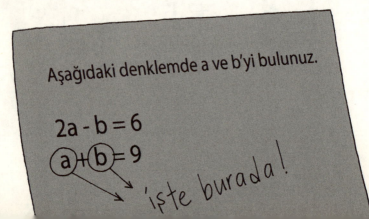

Üniversite Kitabı

Harezmi, kesirler ve üslü sayılarla ilgili problemlerin çözümüne de katkı sağladı. Zaten ona göre bir bilim adamı ya yeni bir şey icat etmeli ya da kendisinden önce yapılan buluşları geliştirmeliydi. Yoksa bilime katkı sağlamış olamazdı.

Gerçekten Harezmi, dünya bilim tarihine büyük katkı sağlamıştı. Eserleri, Endülüs Emevilerine oradan da diğer Avrupa ülkelerine geçti. 1486'da Harezmi'nin Cebir kitabı Leipzig üniversitesinde onun ölümünden 600 yüzyıl sonra hâlâ ders kitabı olarak okutuluyordu.

Kayıp Hazine

Harezmi ve arkadaşlarının çalıştığı Bilgelik Evi, pek çok bilim adamı yetiştirmeyi başarmıştı. Fakat ne yazık ki buradaki birbirinden değerli el yazması kitapların çoğu günümüze ulaşamadı. Çünkü Moğol Hükümdarı Hulagu, kendi ülkesinin topraklarına katmak için Bağdat'ı ele geçirdi ve bu kütüphaneyi de yakıp yıktı.

Harezmi'nin eserlerinin çoğu, kütüphanedeki birbirinden değerli diğer pek çok eser gibi bu yangında kayboldu. Daha önceden yine elle yazılarak kopyası yapılıp başka şehirlere gönderilen ve başka dillere çevrilen kitaplar günümüze ulaşabildi.

HAREZMİ, ...-863
(h. ...-249)
Unvanı: Aritmetiğin Babası
Doğduğu Yer: Harezmi
Yaşadığı Yer: Bağdat
Mesleği: Matematik, coğrafya, astronomi
Hobileri: Zor problemleri çözmek

İşte böyle.... Daha gezecek, görecek çok yerimiz, tanışacak çok bilim adamımız var.

Bu eğlenceli yolculuğumuza bir başka kitapta buluşuncaya dek ara verirken, bu yolculukta bize destek verenlere teşekkür ediyoruz.

ÇOKBİLMİŞ GAZETE-855

Zamanının büyük bir bölümünü Bilgelik Evi'nde geçiren Harezmi'nin çalışmaya hiç ara vermediği, bu durumun çevresindekileri şaşkına döndürdüğü bildirildi.

ZİHİN AÇAN HAFIZA TESTİ

1. Onun en önemli gözlemlerinden biri, bu konuda kararsız kalmış olsa da, Dünya'nın kendi etrafında döndüğünü tespit etmekti. Sadece dünyanın kendi etrafında döndüğünü tespit etmekle kalmamış, aynı zamanda gezegenlerin Güneş etrafında dönüyor olabileceğini de tahmin etmişti. İnsanlar kendisine, Dünya dönüyorsa, üstündekiler niye düşmüyor diye sorduklarında, yerde nesneleri tutan bir kuvvet olduğunu söyledi.

Yukarıda sözü edilen ve 1000'li yılların başında yaşayan bilim adamının adı nedir?

a) Biruni
b) Batlamyus
c) Newton
d) Galile

2. Yandaki resimde 1983'te Sovyetler Birliği'nde bir bilim adamının anısına kullanılmış olan pulu görüyorsun. Bu pulda temsilî resmi olan bilim adamı, Cebir'in Babası olarak tanınıyordu. 0(sıfır) sayısını ve ondalık hesapları dünyaya tanıtan bu bilim adamı kimdir?

a) Harezmi b) İbni Sina c) Algebra d) Farabi

YAYINCI OSMAN OKÇU

GRAFİK TASARIMCI EBRAR ÇİÇEK

ÇİZER ALP TÜRKBİNER

DANIŞMAN METİN ÖZDAMARLAR

Sıra Sende!

Sana bu kitapta anlattığımız Müslüman bilim insanlarının hayatlarından sadece tadımlık bir seçme yaptık. Sen, araştırıp inceleyerek onları çok daha yakından tanıyabilirsin. İleri seviye okuma için bu kitabın da kaynağı olan birkaç eser ismi sayayım.

* İslam Ansiklopedisi
* Osmanlı Bilginleri (Taşköprülüzâde)
* İslam'da Bilim ve Teknik (Prof. Dr. Fuat Sezgin)
* Seyahatname-Evliya Çelebi
* 1001 Inventions, Muslim Heritage in Our World (Salim al Hassani) (1001 İcat, Dünyamızda İslam Mirası)
* Osmanlılar Ansiklopedisi

Bilim insanlarıyla ilgili keşfedeceklerin çok heyecanlı olacak. Ve çok daha önemlisi... Unutma! Dünya senin yapacağın icatları bekliyor. Şimdi çığır açma sırası sende!